리고 아이들을 좀 더 체계적으로 돌보기 위해 마리아수녀회를 창설했고, 수녀들로 하여금 아이들의 엄마 역할을 하게 했다. 더욱이 당시로서는 파격적이라 할 수 있는, 자체 교육법인을 가진 보육시설을 만들어 아이들을 돌보기 시작했는데 이것이 '소년의집'이다. 소년의집은 1969년 부산을 시작으로 1975년 서울로 확대되었고, 1985년 필리핀으로, 1991년에는 멕시코까지 확대되었으며, 지금은 브라질과 과테말라, 온두라스에도 소년의집이 세워져 가난한 아이들에게 돌봄과 교육의 기회를 제공하고 있다.

평생을 아주 작은 사제관에서 가난하게 살았던 소 알로이시오 신부는 1989년 루게릭 병 진단을 받았고, 3년 동안 고통스런 투병 생활을 하다가 1992년 3월 16일 마닐라 소녀의집 사제관에서 조용히 숨을 거두었다.

1983년 막사이사이상을 받았고, 1984년과 1992년 두 번에 걸쳐 노벨평화상 후보에 올랐으며, 저서로는 『가장 가난한 아이들의 신부님』 『조용히 다가오는 나의 죽음』 『소 알로이시오 신부의 기도』가 있다.

소 알로이시오 신부님과 함께하는

영 성 일 기

| 마리아수녀회 엮음 |

책으로여는세상

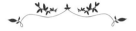

Remembering
Rev. Aloysius Schwartz

마음은 마음에 이야기합니다

＊

이 싱그러운 6월에 값진 구슬을 한 알 한 알 줄에 꿰듯 알로이시오 몬시뇰의 귀중한 말씀을 모아 어록집을 출판할 수 있도록 해 주신 좋으신 하느님께 감사드립니다.

'마음은 마음에 이야기한다'라는 시편 말씀을 늘 인용하시던 알로이시오 몬시뇰 말씀처럼 이 어록집이 마리아수녀회 창설 50주년을 맞이하여 먼저 마리아수녀회와 그리스도회 회원들의 마음을 일깨워 그리스도께 더 가까이 다가갈 수 있게 하는 작은 등불이 되었으면 좋겠습니다.

그리고 알로이시오의 열매들과 많은 은인들도 알로이시오 몬시뇰의 말씀을 묵상함으로써 그들의 신앙생활에 조금이나마 도움이 되었으면 합니다.

알로이시오 몬시뇰의 말씀의 씨앗이 여러분의 마음 밭에 좋은 열매로 영글기를 빕니다.

2014년 6월 11일 마리아수녀회

소 알로이시오 사제 시복 청원기도

은총의 근원이시며 전능하시고 영원하신 하느님
주님께서는 알로이시오 사제에게 하느님과 이웃을 열렬히 사랑하게
하셨나이다.

그는 자신의 전 생애를 바쳐
겸손과 용기로 고아와 버림받은 이, 병든 이와 가난한 이,
각별히 청소년을 사랑으로 돌보았나이다.

주님, 그를 복자와 성인의 반열에 들게 함으로써
가난한 이를 위한 사랑과 봉사의 삶이 교회로부터 인정받게 하소서.

비오니 저희로 하여금 알로이시오 사제의 교훈과 모범을 따르게 하시며
하느님의 영광과 영예를 위해 주님을 정성을 다해 사랑하게 하시고
이웃에게 열성껏 봉사하게 하소서.

알로이시오 사제의 전구로 ○○○에게 은혜를 베풀어주소서.
우리 주 예수 그리스도의 공로와 가난한 이의 동정녀이신
성모마리아의 전구로 비나이다. 아멘.

주님의 기도 · 성모송 · 영광송
2004년 9월 15일 마닐라 대교구 하이메 신 추기경 인준 허가

Rev. Aloysius Schwartz

소 알로이시오 신부님과 함께하는

영 성 일 기

우리 가까이 계시는 주님

우리를 만들어내신 하느님이 우리 가운데 계십니다. 성당과 성서의 거룩한 말씀 안에서뿐만 아니라 길거리에서, 시장 골목에서 우리는 주님을 만날 수 있습니다. 가난한 사람들이 우리와 가장 가까운 곳에 있는 것처럼, 살아계신 그리스도께서도 늘 우리 주위에 가까이 계십니다.

오늘의 기도 생활

아침기도 □   미사참례 □   저녁기도 □   성체조배 (분)   묵주기도 (단)

기타 :

오늘의 성서 읽기

(   )   장   절 ~   장   절

오늘의 사랑 일기

오늘 내가 다른 사람에게 베푼 친절이나 사랑의 언행

오늘의 영성 일기

하느님 앞에서 나의 오늘 하루를 되돌아보며 쓰는 일기

가난한 예수님

병들고, 고통 받고, 가난에 쩌들고, 빨래를 못 해 냄새나는 누더기 옷을 입고 있는, 가난하고 보잘것없는 사람들 안에 그리스도가 계시다는 것을 믿는 것은 생각보다 그렇게 쉬운 일이 아닙니다.

오늘의 기도 생활

아침기도 ☐   미사참례 ☐   저녁기도 ☐   성체조배 (분)   묵주기도 (단)

기타 :

오늘의 성서 읽기

(   )   장   절 ~   장   절

오늘의 사랑 일기

오늘 내가 다른 사람에게 베푼 친절이나 사랑의 언행

오늘의 영성 일기

하느님 앞에서 나의 오늘 하루를 되돌아보며 쓰는 일기

가난의 징표

하느님의 아들이 마구간을 당신의 탄생지로 선택하신 것은 마구
간이 극도의 가난을 상징하기 때문입니다. 사람들로 하여금 당신
의 가난을 기억하도록 하나의 징표로 삼으신 것입니다.

년   월   일   요일

오늘의 기도 생활

아침기도 ☐   미사참례 ☐   저녁기도 ☐   성체조배 (분)   묵주기도 (단)

기타 :

오늘의 성서 읽기

(   )   장   절 ~   장   절

오늘의 사랑 일기

오늘 내가 다른 사람에게 베푼 친절이나 사랑의 언행

오늘의 영성 일기

하느님 앞에서 나의 오늘 하루를 되돌아보며 쓰는 일기

그리스도의 마음을 닮은 교회

그리스도의 얼굴은 예언자와 복음사가들이 묘사한 것처럼 가난한
사람과 종과 노예의 얼굴이며, 그리스도의 마음은 성서를 쓴 사람
들이 소개한 대로 가난한 사람과 비천한 사람의 마음입니다. 그러
므로 교회의 마음과 모습도 이와 같아야 할 것입니다.

년   월   일   요일

🖐 오늘의 기도 생활

아침기도 ☐   미사참례 ☐   저녁기도 ☐   성체조배 (분)   묵주기도 (단)

기타 :

📖 오늘의 성서 읽기

(   )   장   절 ~   장   절

✝ 오늘의 사랑 일기

오늘 내가 다른 사람에게 베푼 친절이나 사랑의 언행

🕯 오늘의 영성 일기

하느님 앞에서 나의 오늘 하루를 되돌아보며 쓰는 일기

물질적 악과 교회

초기 교회 때부터 교회는 물질적 악에 시달려 왔습니다. 3세기 초에 사제 헤르메스는 그가 쓴 책에서 교회를 잘 먹고, 시중을 잘 받고, 부족한 것 없이 편안한 의자에 앉아 있는 늙은이에 비유했습니다.

✍️ 오늘의 기도 생활

아침기도 ☐   미사참례 ☐   저녁기도 ☐   성체조배 (분)   묵주기도 (단)

기타 :

📖 오늘의 성서 읽기

(   )   장   절 ~   장   절

✝️ 오늘의 사랑 일기

오늘 내가 다른 사람에게 베푼 친절이나 사랑의 언행

🕯️ 오늘의 영성 일기

하느님 앞에서 나의 오늘 하루를 되돌아보며 쓰는 일기

가난한 사람에게 손을 내미는 교회

가난한 사람에게 먼저 손을 내밀고 가난한 사람을 손수 찾아가는 청빈의 영성을 가진 교회는 그리스도의 마음과 일치하는 기적의 교회입니다. 재물이 가득 차 무거워진 교회, 부자들을 지나치게 의식하는 교회, 위선적인 교회는 활기를 잃은 교회요, 짠맛을 잃은 소금과 같습니다.

년   월   일   요일

🙏 오늘의 기도 생활

아침기도 ☐   미사참례 ☐   저녁기도 ☐   성체조배 (분)   묵주기도 (단)

기타 :

📖 오늘의 성서 읽기

(   )   장   절 ~   장   절

☧ 오늘의 사랑 일기

오늘 내가 다른 사람에게 베푼 친절이나 사랑의 언행

🕯 오늘의 영성 일기

하느님 앞에서 나의 오늘 하루를 되돌아보며 쓰는 일기

재물로부터의 자유

재물의 문제는 얼마나 많이 또는 얼마나 적게 가져야 할까가 아닙니다. 자기 자신이 재물로부터 얼마나 철저히 분리되어 있는지, 그리하여 재물로부터 얼마나 자유로운지가 문제입니다.

✒️ 오늘의 기도 생활

아침기도 ☐   미사참례 ☐   저녁기도 ☐   성체조배 (분)   묵주기도 (단)

기타 :

📖 오늘의 성서 읽기

(   )   장   절 ~   장   절

☘️ 오늘의 사랑 일기

오늘 내가 다른 사람에게 베푼 친절이나 사랑의 언행

🕯️ 오늘의 영성 일기

하느님 앞에서 나의 오늘 하루를 되돌아보며 쓰는 일기

가난의 중심

온갖 풍요와 사치 속에 살면서
그리스도적 가난의 중심에 가까이 다가가기란
참으로 어려운 일입니다.

오늘의 기도 생활

아침기도 ☐   미사참례 ☐   저녁기도 ☐   성체조배 (분)   묵주기도 (단)

기타 :

오늘의 성서 읽기

(   )   장   절 ~   장   절

오늘의 사랑 일기

오늘 내가 다른 사람에게 베푼 친절이나 사랑의 언행

오늘의 영성 일기

하느님 앞에서 나의 오늘 하루를 되돌아보며 쓰는 일기

사랑의 도구가 된 돈

돈을 두고 악마의 배설물에서 나오는 더러운 물질이라고 부르기도 합니다. 실제로 돈은 나쁘게 사용되기도 하는 천한 물질입니다. 하지만 돈이 그리스도적 사랑의 도구가 되면 상황은 달라집니다. 돈처럼 재빨리 그리고 신속하고 정확하게 배고픔을 없애고, 질병을 건강으로, 무지를 지식으로, 실업을 취업으로 바꾸어놓는 것도 없습니다.

✍ 오늘의 기도 생활

아침기도 ☐   미사참례 ☐   저녁기도 ☐   성체조배 (분)   묵주기도 (단)

기타 :

📖 오늘의 성서 읽기

(   )   장   절 ~   장   절

✚ 오늘의 사랑 일기

오늘 내가 다른 사람에게 베푼 친절이나 사랑의 언행

🕯 오늘의 영성 일기

하느님 앞에서 나의 오늘 하루를 되돌아보며 쓰는 일기

이웃에게 재물을 나눠주어야 할 이유

이웃에게 자신의 재물을 나누어준다고 해서 그 이웃이 완전히 가난에서 벗어날 수는 없을 것입니다. 하지만 이전보다는 상당한 수준으로 덜 가난하게 되는 것은 틀림없습니다. 이것만으로도 우리가 이웃에게 재물을 나눠주어야 할 충분한 이유가 됩니다.

✍ 오늘의 기도 생활

아침기도 □   미사참례 □   저녁기도 □   성체조배 (분)   묵주기도 (단)

기타 :

📖 오늘의 성서 읽기

(   )   장   절 ~   장   절

✝ 오늘의 사랑 일기

오늘 내가 다른 사람에게 베푼 친절이나 사랑의 언행

🕯 오늘의 영성 일기

하느님 앞에서 나의 오늘 하루를 되돌아보며 쓰는 일기

나는 동의할 수 없습니다

가난한 사람들에게 자신의 재물을 나누어주라는 그리스도의 명령이 헛되다고 생각하는 사람들이 있습니다. 그들은 가난한 사람들에게 재물을 나눠주는 것은 가난이라는 밑 빠진 독에 물을 쏟아붓는 것에 지나지 않기 때문에 별 의미가 없고, 가난한 사람의 생활을 바꾸는 데 효과적이지도 않다고 말합니다. 그러면서 그들은 사회의 구조적 모순이 해결되고 사회와 경제의 구조가 근본적으로 바뀌어야 한다고 주장합니다. 그것만이 근본적으로 가난을 해결할 수 있는 유일한 해결책이라고 말합니다.

맞는 말입니다. 그렇다고 사회가 정의로워질 때까지 아무것도 하지 않아도 된다고 하는 것에 나는 동의할 수 없습니다.

✋ 오늘의 기도 생활

아침기도 ☐   미사참례 ☐   저녁기도 ☐   성체조배 (분)   묵주기도 (단)

기타 :

📖 오늘의 성서 읽기

(   )   장   절 ~   장   절

🐟 오늘의 사랑 일기

오늘 내가 다른 사람에게 베푼 친절이나 사랑의 언행

🕯 오늘의 영성 일기

하느님 앞에서 나의 오늘 하루를 되돌아보며 쓰는 일기

자선은 영적 정화 행위

자선은 자선을 받는 사람보다 자선을 베푸는 사람에게 더 풍부한 영적 이득이 따릅니다. 그런 의미에서 자선은 고해 성사와 비슷합니다. 성서에서 가난한 사람에게 베푸는 자선을 영적 정화라고 말하는 것은 이 때문입니다.

✌ 오늘의 기도 생활

아침기도 □   미사참례 □   저녁기도 □   성체조배 (분)   묵주기도 (단)

기타 :

📖 오늘의 성서 읽기

(   )   장   절 ~   장   절

🐟 오늘의 사랑 일기

오늘 내가 다른 사람에게 베푼 친절이나 사랑의 언행

🕯 오늘의 영성 일기

하느님 앞에서 나의 오늘 하루를 되돌아보며 쓰는 일기

그리스도교적이란 재물을 다른 이에게 나눠주는 것

하느님이 우리를 사랑하시는 것처럼, 그리스도께서 우리에게 사랑하라고 말씀하신 것처럼 우리가 서로 사랑한다면 이 세상의 가난과 고통에 대해 결코 무관심할 수 없습니다. 자신의 재산을 남에게 나눠주는 것만큼 직접적으로 그리고 근본적으로 그리스도교적인 것은 없기 때문입니다.

오늘의 기도 생활

아침기도 ☐   미사참례 ☐   저녁기도 ☐   성체조배 (분)   묵주기도 (단)

기타 :

오늘의 성서 읽기

(   )   장   절 ~   장   절

오늘의 사랑 일기

오늘 내가 다른 사람에게 베푼 친절이나 사랑의 언행

오늘의 영성 일기

하느님 앞에서 나의 오늘 하루를 되돌아보며 쓰는 일기

그리스도의 생활수준 향상시키기

재산이 늘어나도 자신의 생활수준을 원래와 같은 수준으로 유지한다면 재산에 여유가 생길 것이고, 이것을 가난한 사람들에게 나눠준다면 가난한 사람 안에 계시는 그리스도의 생활수준은 무척 좋아질 것입니다.

🖐 오늘의 기도 생활

아침기도 □   미사참례 □   저녁기도 □   성체조배 (분)   묵주기도 (단)

기타 :

📖 오늘의 성서 읽기

(   )   장   절 ~   장   절

✝ 오늘의 사랑 일기

오늘 내가 다른 사람에게 베푼 친절이나 사랑의 언행

🕯 오늘의 영성 일기

하느님 앞에서 나의 오늘 하루를 되돌아보며 쓰는 일기

사치품과 필수품

사치와 필수품 사이의 구분을 가난한 사람들의 냉혹한 판단과 검사에 맡기는 습관을 가져야 합니다. 유럽 여행, 새 자동차를 구입하는 것, 값비싼 애완동물을 기르는 것이 사치일까 아니면 필수적일까? 이에 대한 대답은 지극히 가난하고 굶주리는 사람들이 어떻게 생각할까에 달려 있습니다. 바로 이것이 객관적인 표준이며, 그리스도의 기준이 됩니다.

만일 그리스도께서 이 세상의 가난한 사람들 안에 함께 계신다는 것을 믿으면서 정작 그것과 반대되는 생활을 한다면, 어떻게 우리가 그리스도를 따르는 사람들이라고 말할 수 있겠습니까?

✍️ 오늘의 기도 생활

아침기도 ☐   미사참례 ☐   저녁기도 ☐   성체조배 (분)   묵주기도 (단)

기타 :

📖 오늘의 성서 읽기

(   )   장   절 ~   장   절

✞ 오늘의 사랑 일기

오늘 내가 다른 사람에게 베푼 친절이나 사랑의 언행

🕯️ 오늘의 영성 일기

하느님 앞에서 나의 오늘 하루를 되돌아보며 쓰는 일기

참된 가난

사람은 두 가지 본질로 구성된 피조물입니다. 육체와 영혼, 물질과 영이 그것입니다. 사람을 육체가 없는 영혼으로, 또는 영혼이 없는 육체로 따로 떼어 논하는 것은 말이 되지 않습니다. 이와 마찬가지로 물질적 가난에 대한 그리스도의 가르침은 받아들이지 않고, 마음의 가난에 대한 그리스도의 가르침만 받아들인다는 것은 참으로 우스운 일입니다. 온갖 사치를 다 하고, 온갖 물질적 풍요를 다 누리고, 날마다 편안함에 둘러싸여 살면서 마음의 가난을 말한다는 것은 너무나 뻔뻔스러운 일이 아닐 수 없습니다.

반대로, 가진 것이 전혀 없지만 늘 탐욕을 품고 살고, 오직 재물만 갈망하면서 물질적 가난에 대해 말하는 것도 똑같이 어리석은 일입니다.

🖐 오늘의 기도 생활

아침기도 □   미사참례 □   저녁기도 □   성체조배 (분)   묵주기도 (단)

기타 :

📖 오늘의 성서 읽기

(   )   장   절 ~   장   절

🐟 오늘의 사랑 일기

오늘 내가 다른 사람에게 베푼 친절이나 사랑의 언행

🕯 오늘의 영성 일기

하느님 앞에서 나의 오늘 하루를 되돌아보며 쓰는 일기

부자 청년의 재물

부자 청년이 그리스도의 발아래 엎드려 말했습니다. "제가 무엇을 해야 영원한 생명을 얻겠습니까?" 그리스도는 "가서 가진 것을 다 팔아 가난한 사람들에게 나누어주어라. 그러면 하늘에서 보화를 얻게 될 것이다. 내가 시킨 대로 하고 나서 나를 따라오너라."라고 했습니다.

아마 그 부자 청년은 좀 막연한 대답, 예를 들어 '마음의 가난' 같은 것을 기대했을 것입니다. 그러므로 그리스도의 이 말씀은 청년을 혼쭐나게 만들었습니다. 가진 것을 가난한 사람들에게 나눠주고 자신을 따라오라는 냉혹하면서도 구체적인 그리스도의 제안에 청년은 시무룩한 얼굴을 한 채 떠나고 말았습니다.

년   월   일   요일

🤚 오늘의 기도 생활

아침기도 □   미사참례 □   저녁기도 □   성체조배 (분)   묵주기도 (단)

기타 :

📖 오늘의 성서 읽기

(   )   장   절 ~   장   절

🐟 오늘의 사랑 일기

오늘 내가 다른 사람에게 베푼 친절이나 사랑의 언행

🕯 오늘의 영성 일기

하느님 앞에서 나의 오늘 하루를 되돌아보며 쓰는 일기

소유 권리보다 앞서는 생존 권리

정의의 입장에서 보면 재물을 가지지 못하고 재물에 대한 기득권을 가지지 못한 가난한 사람들일지라도 부잣집 잔칫상에서 떨어지는 빵 부스러기를 구걸할 권리는 갖고 있습니다. 나아가 단순히 잔칫상에서 떨어지는 부스러기에 대한 권리뿐 아니라 잔칫상 위의 음식에서 자신의 몫을 당당하게 요구할 권리도 있습니다. 그것은 하느님이 주신 고유한 권리입니다. 왜냐하면 이 세상에는 모두를 위한 충분한 양의 식량이 있고, 그 '모두'에는 가난한 사람도 포함되기 때문입니다. 더구나 생존을 위한 권리는 소유를 위한 권리보다 늘 앞서기 때문이기도 합니다.

오늘의 기도 생활

아침기도 ☐   미사참례 ☐   저녁기도 ☐   성체조배 (분)   묵주기도 (단)

기타 :

오늘의 성서 읽기

(   )   장   절 ~   장   절

오늘의 사랑 일기

오늘 내가 다른 사람에게 베푼 친절이나 사랑의 언행

오늘의 영성 일기

하느님 앞에서 나의 오늘 하루를 되돌아보며 쓰는 일기

가난한 사람들의 권리

남미와 아시아와 아프리카에서 많은 이웃들이 굶주리고 있습니다. 그들은 우리의 식탁 위에 놓인 음식의 일부를 요구할 권리가 있으며, 우리는 응해야 할 의무를 가지고 있습니다. 이러한 의무는 '선한 마음'에서 비롯되는 것이 아니고 '정의'라는 관점에서 비롯되는 것입니다. 그러므로 우리는 기꺼이 우리가 가진 일부를 가난한 사람들을 위해 내어놓아야 합니다.

년   월   일   요일

✍ 오늘의 기도 생활

아침기도 ☐   미사참례 ☐   저녁기도 ☐   성체조배 (분)   묵주기도 (단)

기타 :

📖 오늘의 성서 읽기

(   )   장   절 ~   장   절

✝ 오늘의 사랑 일기

오늘 내가 다른 사람에게 베푼 친절이나 사랑의 언행

🕯 오늘의 영성 일기

하느님 앞에서 나의 오늘 하루를 되돌아보며 쓰는 일기

그리스도는 어디 있는가

이 세상에서 단 한 명이라도 굶주리는 사람이 있다면, 곧 그리스도께서 굶주리고 계시다는 뜻입니다. 이 세상에서 단 한 명이라도 병을 앓고 있다면, 그리스도께서 그 사람 안에서 고통 받고 계시다는 뜻입니다. 단 한 명이라도 추위에 떨고 헐벗은 사람이 있으면, 그리스도께서 그와 같은 상황에 처해 계시다는 뜻입니다.

🙏 오늘의 기도 생활

아침기도 □   미사참례 □   저녁기도 □   성체조배 (분)   묵주기도 (단)

기타 :

📖 오늘의 성서 읽기

(   )   장   절   ~   장   절

✝ 오늘의 사랑 일기

오늘 내가 다른 사람에게 베푼 친절이나 사랑의 언행

🕯 오늘의 영성 일기

하느님 앞에서 나의 오늘 하루를 되돌아보며 쓰는 일기

겸손한 걸인 같은 예수님

예수님은 우리 마음의 문 앞에서 겸손한 걸인처럼 서 계십니다.
부드럽게 문을 두드리면서 온유하고 사랑스럽게
우리의 이름을 부르고 계십니다.

오늘의 기도 생활

아침기도 □   미사참례 □   저녁기도 □   성체조배 (분)   묵주기도 (단)

기타 :

오늘의 성서 읽기

(   )   장   절 ~   장   절

오늘의 사랑 일기

오늘 내가 다른 사람에게 베푼 친절이나 사랑의 언행

오늘의 영성 일기

하느님 앞에서 나의 오늘 하루를 되돌아보며 쓰는 일기

그리스도의 현존

그리스도는 이 세상에 살아계시면서 네 가지 방법으로 우리와 함께 하십니다. 먼저 성체성사를 통해 계십니다. 두 번째는 영감을 받아 쓰인 성서 말씀을 통해 계십니다. 세 번째는 가난한 사람 안에 계십니다. 그리고 마지막으로 이웃과 우리의 형제들 안에 계십니다. 그래서 우리는 성체와 성서, 가난한 사람들 그리고 우리 형제들을 통해 살아계신 그리스도와 친밀한 인간적 관계를 형성할 수 있는 것입니다.

🏃 오늘의 기도 생활

아침기도 □   미사참례 □   저녁기도 □   성체조배 (분)   묵주기도 (단)

기타 :

📖 오늘의 성서 읽기

(   )   장   절 ~   장   절

🐟 오늘의 사랑 일기

오늘 내가 다른 사람에게 베푼 친절이나 사랑의 언행

🕯 오늘의 영성 일기

하느님 앞에서 나의 오늘 하루를 되돌아보며 쓰는 일기

예수님의 숨바꼭질

하느님의 아들이신 예수 그리스도는 당신의 권능과 영예를 작은
제병 안에, 성서 말씀 안에, 가난하고 낮은 사람 안에, 불완전하고
결점투성이 성격을 지닌 우리 형제와 이웃 안에 숨겨 두셨습니다.

오늘의 기도 생활

아침기도 ☐   미사참례 ☐   저녁기도 ☐   성체조배 (분)   묵주기도 (단)

기타 :

오늘의 성서 읽기

(   )   장   절 ~   장   절

오늘의 사랑 일기

오늘 내가 다른 사람에게 베푼 친절이나 사랑의 언행

오늘의 영성 일기

하느님 앞에서 나의 오늘 하루를 되돌아보며 쓰는 일기

성체는 은총의 원천

성체는 우리 영신 생활에 있어 은총의 근본적인 원천입니다. 성체를 자주 받아 모실수록 우리는 더욱 성체를 갈망하게 됩니다. 성체를 더 열심히 흠숭할수록 우리는 더 성체를 사랑하게 됩니다. 또한 성체에 대한 우리의 믿음이 참되고 순수하다면 십자가에 대한 매력이 더욱 늘어나고 높아짐을 체험하게 될 것입니다. 예수님을 위해 고통 받고 희생하고 싶은 용기 있는 열망을 가지게 될 것입니다.

년   월   일   요일

✍ 오늘의 기도 생활

아침기도 □   미사참례 □   저녁기도 □   성체조배 (분)   묵주기도 (단)

기타 :

📖 오늘의 성서 읽기

(   )   장   절 ~   장   절

✠ 오늘의 사랑 일기

오늘 내가 다른 사람에게 베푼 친절이나 사랑의 언행

🕯 오늘의 영성 일기

하느님 앞에서 나의 오늘 하루를 되돌아보며 쓰는 일기

참된 길로 이끌어주는 성체 신심

참된 성체 신심은 자기희생과 가난한 사람 안에 계신 그리스도께
대한 봉사로 이어져야 합니다. 성체 신심도 없고 믿는 마음으로
성서를 묵상하지 않으면서 가난한 사람에게 다가갈 때, 그것은 쉽
게 쾌락적이고 물질적이며 세속적인 것이 되어 버릴 것입니다.

오늘의 기도 생활

아침기도 ☐   미사참례 ☐   저녁기도 ☐   성체조배 (분)   묵주기도 (단)

기타 :

오늘의 성서 읽기

(   )   장   절 ~   장   절

오늘의 사랑 일기

오늘 내가 다른 사람에게 베푼 친절이나 사랑의 언행

오늘의 영성 일기

하느님 앞에서 나의 오늘 하루를 되돌아보며 쓰는 일기

원수를 사랑하라

우리는 모든 형제에게 사랑을 베풀어야 하지만 특별히 인간적으로 매력이 없는 형제에게 더욱 사랑을 베풀어야 합니다. 우리는 형제들 가운데서 원수와 같은 형제를, 이웃 가운데 나병 환자와 같은 이웃을 껴안고 입 맞추어야 합니다.

                                              년   월   일   요일

✍ 오늘의 기도 생활

아침기도 ☐   미사참례 ☐   저녁기도 ☐   성체조배 (분)   묵주기도 (단)

기타 :

📖 오늘의 성서 읽기

(   )   장   절 ~   장   절

✠ 오늘의 사랑 일기

오늘 내가 다른 사람에게 베푼 친절이나 사랑의 언행

🕯 오늘의 영성 일기

하느님 앞에서 나의 오늘 하루를 되돌아보며 쓰는 일기

그리스도를 알아보는 눈

믿음의 빛 안에서 마음의 눈을 가지고 형제와 자매들을 바라볼 때
우리는 그들이 살아계신 그리스도임을 알게 될 것입니다.

✍ 오늘의 기도 생활

아침기도 □   미사참례 □   저녁기도 □   성체조배 (분)   묵주기도 (단)

기타 :

📖 오늘의 성서 읽기

(   )   장   절 ~   장   절

✝ 오늘의 사랑 일기

오늘 내가 다른 사람에게 베푼 친절이나 사랑의 언행

🕯 오늘의 영성 일기

하느님 앞에서 나의 오늘 하루를 되돌아보며 쓰는 일기

하루 3시간 기도 서원

마리아수녀회의 수녀는
가난, 정결, 순명, 가난한 사람들에 대한 봉사,
하루 3시간 기도의 5대 허원을
예수님 오상에 대한 기억 아래 발합니다.

📿 오늘의 기도 생활

아침기도 ☐   미사참례 ☐   저녁기도 ☐   성체조배 (분)   묵주기도 (단)

기타 :

📖 오늘의 성서 읽기

(   )   장   절 ~   장   절

✝ 오늘의 사랑 일기

오늘 내가 다른 사람에게 베푼 친절이나 사랑의 언행

🕯 오늘의 영성 일기

하느님 앞에서 나의 오늘 하루를 되돌아보며 쓰는 일기

예수님이 하신 대로

진실로 예수님을 사랑한다면,
가난한 삶을 사랑해야 합니다.
예수님께서 그렇게 하셨기 때문입니다.

🖐 오늘의 기도 생활

아침기도 ☐   미사참례 ☐   저녁기도 ☐   성체조배 (분)   묵주기도 (단)

기타 :

📖 오늘의 성서 읽기

(   )   장   절 ~   장   절

🐟 오늘의 사랑 일기

오늘 내가 다른 사람에게 베푼 친절이나 사랑의 언행

🕯 오늘의 영성 일기

하느님 앞에서 나의 오늘 하루를 되돌아보며 쓰는 일기

예수님의 선택

예수 그리스도를 닮기를 원한다면 언제나 부유한 것보다 아픔을 주는 것을, 영광 받는 것보다 멸시 받는 것을, 많은 것보다는 적은 것을, 휴식과 편안함을 주는 것보다는 걱정거리를 주는 것을, 평온을 주는 것보다는 일거리를 주는 것을 선택해야 합니다.

년   월   일   요일

🙏 오늘의 기도 생활

아침기도 ☐   미사참례 ☐   저녁기도 ☐   성체조배 (분)   묵주기도 (단)

기타 :

📖 오늘의 성서 읽기

(   )   장   절 ~   장   절

✝ 오늘의 사랑 일기

오늘 내가 다른 사람에게 베푼 친절이나 사랑의 언행

🕯 오늘의 영성 일기

하느님 앞에서 나의 오늘 하루를 되돌아보며 쓰는 일기

마음을 아프게 하는 가난

진실한 가난은 마음을 아프게 하고 상처를 줍니다.
가난은 아픔을 동반하고 희생을 요구합니다.

🖐 오늘의 기도 생활

아침기도 ☐   미사참례 ☐   저녁기도 ☐   성체조배 (분)   묵주기도 (단)

기타 :

📖 오늘의 성서 읽기

(   )   장   절 ~   장   절

🐟 오늘의 사랑 일기

오늘 내가 다른 사람에게 베푼 친절이나 사랑의 언행

🕯 오늘의 영성 일기

하느님 앞에서 나의 오늘 하루를 되돌아보며 쓰는 일기

음식 가난

그리스도를 따르는 사람은 무엇보다 음식에서 가난을 실천해야
합니다. 몸에 좋고 영양가 있는 음식이면서 동시에 간단한 음식을
좋아해야 합니다. 또한 먹는 것에 대한 욕구를 누르고 언제나 절
제된 생활을 실천해야 합니다. 가난하게 사는 체, 모든 것을 포기
한 체 말하면서 한쪽으로는 음식에 지나칠 정도로 관심이 많고,
먹는 즐거움에 집착해 습관적으로 과식하면서 그리스도를 따른다
고 말할 때 그것은 참으로 어울리지 않는 말이 됩니다.

年   月   日   曜日

🖐 오늘의 기도 생활

아침기도 ☐   미사참례 ☐   저녁기도 ☐   성체조배 (분)   묵주기도 (단)

기타 :

📖 오늘의 성서 읽기

(   )   장   절 ~   장   절

✝ 오늘의 사랑 일기

오늘 내가 다른 사람에게 베푼 친절이나 사랑의 언행

🕯 오늘의 영성 일기

하느님 앞에서 나의 오늘 하루를 되돌아보며 쓰는 일기

예수님을 따르는 사람들의 음식

먹는 것을 조절할 수 없어 습관적으로 너무 많이 먹고, 그 결과 지
나치게 살쪄 있으면서 가난했던 예수님을 따른다고 말하는 것은
너무나 위선적입니다.

년　　월　　일　　요일

오늘의 기도 생활

아침기도 □　　미사참례 □　　저녁기도 □　　성체조배 (　　분)　　묵주기도 (　　단)

기타 :

오늘의 성서 읽기

(　　　　　　　)　　장　　절 ~　　장　　절

오늘의 사랑 일기

오늘 내가 다른 사람에게 베푼 친절이나 사랑의 언행

오늘의 영성 일기

하느님 앞에서 나의 오늘 하루를 되돌아보며 쓰는 일기

겸손한 사람들의 불신

겸손한 사람은 언제나 자신에 대한 불신과 의심을 가지고 있습니다. 겸손한 사람은 결코 자신을 지나치게 믿지 않으며 자만하지 않습니다.

오늘의 기도 생활

아침기도 □   미사참례 □   저녁기도 □   성체조배 (분)   묵주기도 (단)

기타 :

오늘의 성서 읽기

(   )   장   절 ~   장   절

오늘의 사랑 일기

오늘 내가 다른 사람에게 베푼 친절이나 사랑의 언행

오늘의 영성 일기

하느님 앞에서 나의 오늘 하루를 되돌아보며 쓰는 일기

게으른 봉사자들

가난한 사람들에게 봉사하고자 하는 사람들이 저지르기 쉬운 가
장 큰 실수는 손가락 하나 까딱하지 않고 땀 한 방울, 피 한 방울
흘리지 않으면서 봉사하기를 바란다는 것입니다.

🙏 오늘의 기도 생활

아침기도 ☐   미사참례 ☐   저녁기도 ☐   성체조배 (분)   묵주기도 (단)

기타 :

📖 오늘의 성서 읽기

(   )   장   절 ~   장   절

☘ 오늘의 사랑 일기

오늘 내가 다른 사람에게 베푼 친절이나 사랑의 언행

🕯 오늘의 영성 일기

하느님 앞에서 나의 오늘 하루를 되돌아보며 쓰는 일기

가난한 사람들에 대한 봉사는 놀이나 연극이 아닙니다

그리스도의 이름으로 가난한 사람에게 봉사한다는 것은 연극이나 어린이들 놀이나 오락이 아닙니다. 이것은 끊임없는 고통이며, 불편이요, 아픔이며, 창피요, 희생입니다. 한마디로 이것은 십자가입니다.

✋ 오늘의 기도 생활

아침기도 ☐   미사참례 ☐   저녁기도 ☐   성체조배 (분)   묵주기도 (단)

기타 :

📖 오늘의 성서 읽기

(   )   장   절 ~   장   절

🐟 오늘의 사랑 일기

오늘 내가 다른 사람에게 베푼 친절이나 사랑의 언행

🕯 오늘의 영성 일기

하느님 앞에서 나의 오늘 하루를 되돌아보며 쓰는 일기

형식적이고 미지근한 봉사는 그리스도적이지 않습니다

봉사하는 사람들 가운데는 봉사 받는 사람들이 가난하고 많이 배우
지 못하고 천하다는 이유로 대충 대해도 괜찮다고 생각하는 사람들
이 있습니다. 하지만 가난한 사람들에게 봉사할 때 결코 대충해서는
안 됩니다. 오히려 현대적인 기술을 동원하여 가장 좋은 봉사를 해야
합니다. 그들에게 가능한 최고의 대우를 해주고 좋은 결과를 지속적
으로 얻도록 노력해야 합니다. 형식적이고 미지근한 봉사는 그리스
도다운 봉사가 아니며 그리스도 정신에 어울리지도 않습니다.

✍️ 오늘의 기도 생활

아침기도 ☐   미사참례 ☐   저녁기도 ☐   성체조배 (분)   묵주기도 (단)

기타 :

📖 오늘의 성서 읽기

(   )   장   절 ~   장   절

✝️ 오늘의 사랑 일기

오늘 내가 다른 사람에게 베푼 친절이나 사랑의 언행

🕯️ 오늘의 영성 일기

하느님 앞에서 나의 오늘 하루를 되돌아보며 쓰는 일기

하느님의 승인과 인가를 받은 봉사

가난한 사람들에게 봉사하는 어떤 단체가 풍부하게 베풀고 최고의 질로 베풀고 지속적으로 좋은 열매를 맺을 때, 그 단체는 성령에 의해 고무되고 이끌림을 받는 단체이며, 최고의 권위이신 하느님에 의해 승인과 인가를 받은 공동체라 결론지을 수 있습니다. 그리스도의 이름으로 행하는 봉사는 자기희생적 봉사, 겸손한 봉사 그리고 영신적인 차원의 봉사입니다. 또한 그리스도다운 봉사는 친절하고, 직접적이며, 개별적이고, 현대적이고, 구체적인 결과를 내며, 미래 지향적입니다.

🙏 오늘의 기도 생활

아침기도 ☐   미사참례 ☐   저녁기도 ☐   성체조배 (분)   묵주기도 (단)

기타 :

📖 오늘의 성서 읽기

(   )   장   절 ~   장   절

🐟 오늘의 사랑 일기

오늘 내가 다른 사람에게 베푼 친절이나 사랑의 언행

🕯 오늘의 영성 일기

하느님 앞에서 나의 오늘 하루를 되돌아보며 쓰는 일기

기도 없는 봉사

기도 없이 스스로의 힘에 기대어 일하고 봉사할 수도 있습니다. 하지만 그러한 봉사는 오래 계속되기 어려우며, 또한 질 좋은 열매를 맺기도 어렵습니다. 기도 없는 봉사는 그다지 효과적인 봉사가 되지 못합니다. 끊임없는 기도 생활을 바탕으로 하는 봉사가 되어야 육체적으로 또 영적으로 에너지가 고갈되지 않습니다.

✍️ 오늘의 기도 생활

아침기도 ☐   미사참례 ☐   저녁기도 ☐   성체조배 (분)   묵주기도 (단)

기타 :

📖 오늘의 성서 읽기

(   )   장   절 ~   장   절

✝️ 오늘의 사랑 일기

오늘 내가 다른 사람에게 베푼 친절이나 사랑의 언행

🕯️ 오늘의 영성 일기

하느님 앞에서 나의 오늘 하루를 되돌아보며 쓰는 일기

예수님의 공생활

예수님의 공생활 3년은 특별히 가난한 사람들을 위한 희생적인 봉사의 삶이었습니다. 그리고 예수님은 봉사의 삶을 시작하기 전에 광야로 나가 40일 동안 밤낮으로 기도하며 보내셨습니다. 봉사자들이 끊임없이 기도해야 하는 것은 이 때문입니다.

오늘의 기도 생활

아침기도 ☐   미사참례 ☐   저녁기도 ☐   성체조배 (분)   묵주기도 (단)

기타 :

오늘의 성서 읽기

(   )   장   절 ~   장   절

오늘의 사랑 일기

오늘 내가 다른 사람에게 베푼 친절이나 사랑의 언행

오늘의 영성 일기

하느님 앞에서 나의 오늘 하루를 되돌아보며 쓰는 일기

즐거운 봉사

주님의 길은 봉사와 자비, 사랑의 길입니다.

우리는 날마다 이 길을 가볍고 기쁘게

그리고 열정적으로 뛰어가도록 불림 받은 사람들입니다.

오늘의 기도 생활

아침기도 □   미사참례 □   저녁기도 □   성체조배 (분)   묵주기도 (단)

기타 :

오늘의 성서 읽기

(   )   장   절 ~   장   절

오늘의 사랑 일기

오늘 내가 다른 사람에게 베푼 친절이나 사랑의 언행

오늘의 영성 일기

하느님 앞에서 나의 오늘 하루를 되돌아보며 쓰는 일기

영혼의 산소

기도는 영혼의 산소입니다. 기도 중에 하느님을 호흡하고 하느님의 거룩한 기운과 정열을 들이마시게 됩니다. 그러므로 잠심기도는 제2의 본성, 제2의 습관이 되어야 합니다.

✋ 오늘의 기도 생활

아침기도 ☐   미사참례 ☐   저녁기도 ☐   성체조배 (분)   묵주기도 (단)

기타 :

📖 오늘의 성서 읽기

(   )   장   절 ~   장   절

✝ 오늘의 사랑 일기

오늘 내가 다른 사람에게 베푼 친절이나 사랑의 언행

🕯 오늘의 영성 일기

하느님 앞에서 나의 오늘 하루를 되돌아보며 쓰는 일기

예수님의 기도

눈물 없는, 곧 희생 없는 기도는
약한 기도, 생명력 없는 기도, 죽은 기도입니다.
한마디로 그 기도는 예수님의 기도가 아닙니다.

🖐 오늘의 기도 생활

아침기도 ☐   미사참례 ☐   저녁기도 ☐   성체조배 (분)   묵주기도 (단)

기타 :

📖 오늘의 성서 읽기

(   )   장   절 ~   장   절

✝ 오늘의 사랑 일기

오늘 내가 다른 사람에게 베푼 친절이나 사랑의 언행

🕯 오늘의 영성 일기

하느님 앞에서 나의 오늘 하루를 되돌아보며 쓰는 일기

기도의 뿌리

기도는
자기희생, 자기부정, 자기포기에
뿌리를 두고 있습니다.

🖐 오늘의 기도 생활

아침기도 ☐   미사참례 ☐   저녁기도 ☐   성체조배 (분)   묵주기도 (단)

기타 :

📖 오늘의 성서 읽기

(   )   장   절 ~   장   절

✝ 오늘의 사랑 일기

오늘 내가 다른 사람에게 베푼 친절이나 사랑의 언행

🕯 오늘의 영성 일기

하느님 앞에서 나의 오늘 하루를 되돌아보며 쓰는 일기

하루 세 시간 기도

예수님께서 기도하신 것처럼 하루 세 시간씩 기도하는 일은
큰 용기와 굳은 결심, 강한 참을성을 요구합니다.

✌ 오늘의 기도 생활

아침기도 ☐   미사참례 ☐   저녁기도 ☐   성체조배 (분)   묵주기도 (단)

기타 :

📖 오늘의 성서 읽기

(   )   장   절 ~   장   절

✞ 오늘의 사랑 일기

오늘 내가 다른 사람에게 베푼 친절이나 사랑의 언행

🕯 오늘의 영성 일기

하느님 앞에서 나의 오늘 하루를 되돌아보며 쓰는 일기

기도의 걸림돌

기도의 은총을 받기 위해 우리는 모든 애착에서 우리 마음을 자유롭게 하고, 마음을 비워 모든 욕망에서 벗어나야 합니다. 피조물에 대한 애착과 하느님 아닌 것에 대한 욕심은 기도의 가장 큰 걸림돌입니다.

✏️ 오늘의 기도 생활

아침기도 □   미사참례 □   저녁기도 □   성체조배 (분)   묵주기도 (단)

기타 :

📖 오늘의 성서 읽기

(   )   장   절 ~   장   절

☧ 오늘의 사랑 일기

오늘 내가 다른 사람에게 베푼 친절이나 사랑의 언행

🕯️ 오늘의 영성 일기

하느님 앞에서 나의 오늘 하루를 되돌아보며 쓰는 일기

미사와 영성체

가장 먼저 해야 할 기도는
미사와 영성체입니다.

🙏 오늘의 기도 생활

아침기도 ☐   미사참례 ☐   저녁기도 ☐   성체조배 (분)   묵주기도 (단)

기타 :

📖 오늘의 성서 읽기

(   )   장   절 ~   장   절

✝ 오늘의 사랑 일기

오늘 내가 다른 사람에게 베푼 친절이나 사랑의 언행

🕯 오늘의 영성 일기

하느님 앞에서 나의 오늘 하루를 되돌아보며 쓰는 일기

성인에게 기도하기

성인들에게 기도하기를 좋아해야 합니다. 성인들의 삶을 돌아보고,
그분들의 작품을 읽고 묵상하며, 그분들의 삶을 우리 일상의 삶에
적용시키고, 최선을 다해 그분들을 닮아가려고 애써야 합니다.

🙏 오늘의 기도 생활

아침기도 ☐   미사참례 ☐   저녁기도 ☐   성체조배 (분)   묵주기도 (단)

기타 :

📖 오늘의 성서 읽기

(   )   장   절 ~   장   절

✝ 오늘의 사랑 일기

오늘 내가 다른 사람에게 베푼 친절이나 사랑의 언행

🕯 오늘의 영성 일기

하느님 앞에서 나의 오늘 하루를 되돌아보며 쓰는 일기

지금보다 더 나은 나를 향하여

예수님은 현재의 우리와는 다른 상태가 되어보려고 노력하는,
바로 그런 우리를 무한히 사랑하십니다.

✍ 오늘의 기도 생활

아침기도 ☐   미사참례 ☐   저녁기도 ☐   성체조배 (분)   묵주기도 (단)

기타 :

📖 오늘의 성서 읽기

(   )   장   절   ~   장   절

☧ 오늘의 사랑 일기

오늘 내가 다른 사람에게 베푼 친절이나 사랑의 언행

🕯 오늘의 영성 일기

하느님 앞에서 나의 오늘 하루를 되돌아보며 쓰는 일기

희생과 포기, 자제

거룩함과 완덕이라는 충만한 생명에 이르는 길은
끊임없는 자기희생과 포기, 자제의 길을 말합니다.

오늘의 기도 생활

아침기도 □   미사참례 □   저녁기도 □   성체조배 (분)   묵주기도 (단)

기타 :

오늘의 성서 읽기

(   )   장   절 ~   장   절

오늘의 사랑 일기

오늘 내가 다른 사람에게 베푼 친절이나 사랑의 언행

오늘의 영성 일기

하느님 앞에서 나의 오늘 하루를 되돌아보며 쓰는 일기

성성(聖性)

내 존재의 목표인 '성성(聖性)'이라는 걸작품을 만들어내기 위해서
는 하느님과 우리 자신이 협조해야 하며, 하느님 은총과 우리의
노력이 함께 작용해야 합니다.

✋ 오늘의 기도 생활

아침기도 □   미사참례 □   저녁기도 □   성체조배 (분)   묵주기도 (단)

기타 :

📖 오늘의 성서 읽기

(   )   장   절 ~   장   절

☧ 오늘의 사랑 일기

오늘 내가 다른 사람에게 베푼 친절이나 사랑의 언행

🕯 오늘의 영성 일기

하느님 앞에서 나의 오늘 하루를 되돌아보며 쓰는 일기

평화와 덕

우리가 자주 마음의 평화를 잃고
슬픔과 실망, 좌절을 맛보게 되는 것은
근본적으로 덕이 모자라기 때문입니다.

✐ 오늘의 기도 생활

아침기도 ☐   미사참례 ☐   저녁기도 ☐   성체조배 (분)   묵주기도 (단)

기타 :

📖 오늘의 성서 읽기

(   )   장   절 ~   장   절

☧ 오늘의 사랑 일기

오늘 내가 다른 사람에게 베푼 친절이나 사랑의 언행

🕯 오늘의 영성 일기

하느님 앞에서 나의 오늘 하루를 되돌아보며 쓰는 일기

하느님의 잔칫상

하느님의 잔칫상에 앉기를 바란다면
하느님의 영원한 잔치에서 즐기기를 바란다면
하느님처럼 깨끗한 자, 거룩한 자, 완전한 자가 되어야 합니다.

🖐 오늘의 기도 생활

아침기도 ☐   미사참례 ☐   저녁기도 ☐   성체조배 (분)   묵주기도 (단)

기타 :

📖 오늘의 성서 읽기

(   )   장   절 ~   장   절

🐟 오늘의 사랑 일기

오늘 내가 다른 사람에게 베푼 친절이나 사랑의 언행

🕯 오늘의 영성 일기

하느님 앞에서 나의 오늘 하루를 되돌아보며 쓰는 일기

그리스도의 길

영적 생활의 목적은
모든 면에서 그리스도를 닮고, 그리스도를 따르며,
그리스도께서 걸으신 길을 걷는 것입니다.

🖐 오늘의 기도 생활

아침기도 ☐   미사참례 ☐   저녁기도 ☐   성체조배 (분)   묵주기도 (단)

기타 :

📖 오늘의 성서 읽기

(   )   장   절 ~   장   절

✝ 오늘의 사랑 일기

오늘 내가 다른 사람에게 베푼 친절이나 사랑의 언행

🕯 오늘의 영성 일기

하느님 앞에서 나의 오늘 하루를 되돌아보며 쓰는 일기

새로운 탄생

우리가 예수님을 닮고 예수님 모습대로 새로 태어나기를 바란다면 날마다 고난을 겪고, 습관적으로 희생을 실천하며, 편리한 것보다는 불편한 것을 선택해야 합니다.

오늘의 기도 생활

아침기도 □   미사참례 □   저녁기도 □   성체조배 (분)   묵주기도 (단)

기타 :

오늘의 성서 읽기

(   )   장   절 ~   장   절

오늘의 사랑 일기

오늘 내가 다른 사람에게 베푼 친절이나 사랑의 언행

오늘의 영성 일기

하느님 앞에서 나의 오늘 하루를 되돌아보며 쓰는 일기

십자가의 길

예수님을 따르는 것은 십자가의 길을 걷는 것을 뜻합니다. 십자가는 고난과 고통, 창피, 죽음을 말합니다. 십자가는 감상적이고 감정적이며 철학적인 것이 아닙니다. 농담거리나 놀이는 더더욱 아닙니다. 사람들은 본능적으로 가벼운 고통조차도 피하려 하고, 약간의 불편에도 몸을 돌리며, 모든 불유쾌한 것으로부터 도망가려 합니다. 이것이 고통을 대하는 사람들의 기본적인 마음입니다. 하지만 예수님을 따르는 사람이라면 이러한 고통을 정면으로 마주하고 기꺼이 받아들여야 합니다.

✌ 오늘의 기도 생활

아침기도 □   미사참례 □   저녁기도 □   성체조배 (분)   묵주기도 (단)

기타 :

📖 오늘의 성서 읽기

(   )   장   절 ~   장   절

🐟 오늘의 사랑 일기

오늘 내가 다른 사람에게 베푼 친절이나 사랑의 언행

🕯 오늘의 영성 일기

하느님 앞에서 나의 오늘 하루를 되돌아보며 쓰는 일기

하느님의 시간

하느님의 시간에는 과거도 없고 미래도 없습니다. 모든 것이 '지금'입니다. 영원히 새롭게 계속되는 '지금'만 있을 뿐입니다. 우리가 믿음과 사랑으로 하느님 안에 있다면 과거와 미래는 하느님의 섭리에 맡기고 오직 지금 이 순간을 사는 습관을 들여야 합니다.

오늘의 기도 생활

아침기도 □   미사참례 □   저녁기도 □   성체조배 (분)   묵주기도 (단)

기타 :

오늘의 성서 읽기

(   )   장   절 ~   장   절

오늘의 사랑 일기

오늘 내가 다른 사람에게 베푼 친절이나 사랑의 언행

오늘의 영성 일기

하느님 앞에서 나의 오늘 하루를 되돌아보며 쓰는 일기

사랑 안에 머물기

우리 마음이 사랑으로 가득 차게 되면 두려움과 걱정, 슬픔, 실망, 자기연민 같은 부정적인 감정이 들어설 여지가 없어집니다. 그러므로 고통과 고난을 다루는 비결은 자기 자신에게 집중되어 있는 시선과 의식을 사랑하는 사람에게로 돌려 바로 그 사랑 안에 숨어드는 것입니다. 그 사랑 안에 머물 때 우리는 온갖 걱정과 두려움, 슬픔과 번민, 실망으로부터 벗어날 수 있습니다.

최후의 만찬 때 예수님의 마음은 죽을 정도로 고통이 심했지만 예수님의 관심은 그 순간에도 다른 이에게 쏠려 있었습니다. 그 큰 고통 속에서도 예수님은 당신의 내적 고통을 잊고 오직 제자들을 위로하려고 노력했던 것입니다.

🤚 오늘의 기도 생활

아침기도 ☐   미사참례 ☐   저녁기도 ☐   성체조배 (분)   묵주기도 (단)

기타 :

📖 오늘의 성서 읽기

(   )   장   절 ~   장   절

🐟 오늘의 사랑 일기

오늘 내가 다른 사람에게 베푼 친절이나 사랑의 언행

🕯 오늘의 영성 일기

하느님 앞에서 나의 오늘 하루를 되돌아보며 쓰는 일기

즐거운 마음으로 하느님을 섬기자

언제나 기쁨과 즐거운 마음으로 하느님을 섬겨야 합니다. 입에는 미소를 머금고, 얼굴에는 영적인 편안함을 담고, 눈은 그리스도의 빛을 간직함으로써 우리 마음 안에 있는 평화와 기쁨을 밖으로 드러내야 합니다.

오늘의 기도 생활

아침기도 □   미사참례 □   저녁기도 □   성체조배 (분)   묵주기도 (단)

기타 :

오늘의 성서 읽기

(   )   장   절 ~   장   절

오늘의 사랑 일기

오늘 내가 다른 사람에게 베푼 친절이나 사랑의 언행

오늘의 영성 일기

하느님 앞에서 나의 오늘 하루를 되돌아보며 쓰는 일기

하느님과 고통

고통이 비록 내 안에 있다 하더라도
나는 고통 안에 있지 않고 하느님 안에 있습니다.

🙏 오늘의 기도 생활

아침기도 ☐   미사참례 ☐   저녁기도 ☐   성체조배 (분)   묵주기도 (단)

기타 :

📖 오늘의 성서 읽기

(   )   장   절 ~   장   절

✝ 오늘의 사랑 일기

오늘 내가 다른 사람에게 베푼 친절이나 사랑의 언행

🕯 오늘의 영성 일기

하느님 앞에서 나의 오늘 하루를 되돌아보며 쓰는 일기

형제애

형제애는 슬픔과 근심 같은 모든 부정적인 감정의 해독제입니다.
형제들을 사랑한다면 우리는 무한한 기쁨과 평화이신 하느님 안
에 있게 됩니다.

오늘의 기도 생활

아침기도 ☐   미사참례 ☐   저녁기도 ☐   성체조배 (분)   묵주기도 (단)

기타 :

오늘의 성서 읽기

(   )   장   절 ~   장   절

오늘의 사랑 일기

오늘 내가 다른 사람에게 베푼 친절이나 사랑의 언행

오늘의 영성 일기

하느님 앞에서 나의 오늘 하루를 되돌아보며 쓰는 일기

건강한 인격

가장 건강한 인격이란 자기 자신에게는 완전히 무관심하고
타인에 대한 관심과 사랑을 가진 사람들 안에서 볼 수 있는 인격입니다.

오늘의 기도 생활

아침기도 □   미사참례 □   저녁기도 □   성체조배 (분)   묵주기도 (단)

기타 :

오늘의 성서 읽기

(   )   장   절 ~   장   절

오늘의 사랑 일기

오늘 내가 다른 사람에게 베푼 친절이나 사랑의 언행

오늘의 영성 일기

하느님 앞에서 나의 오늘 하루를 되돌아보며 쓰는 일기

간단한 일

내 경험으로 미루어볼 때, 인생에서 그렇게 간단할 일은 한 번도 없었습니다. 루게릭 병에 걸린 지금, 카세트테이프에 내 말을 녹음하는 일도 나에게는 일종의 도전과 모험이 아닐 수 없습니다.

오늘의 기도 생활

아침기도 □   미사참례 □   저녁기도 □   성체조배 (분)   묵주기도 (단)

기타 :

오늘의 성서 읽기

(   )   장   절 ~   장   절

오늘의 사랑 일기

오늘 내가 다른 사람에게 베푼 친절이나 사랑의 언행

오늘의 영성 일기

하느님 앞에서 니의 오늘 하루를 되돌아보며 쓰는 일기

고통과 정면으로 마주하기

지금 나는 3년째 루게릭 병을 앓고 있으니 삶의 마지막 해를 보내고 있는 셈입니다. 보통 루게릭 병에 걸리면 3년 안에 대부분 죽기 때문입니다. 내 병은 이미 음식물을 삼키고, 말하고, 숨 쉬게 하는 근육까지 마비시키기 시작했습니다. 내 목소리는 무척 약하고 낮으며 힘이 들어 쉰 소리를 냅니다. 그리고 발음도 똑똑하지 못합니다. 하지만 나는 이 고통을 피하지 않습니다. 고통과 정면으로 마주해 그 고통을 온전히 받아들이고 있습니다.

✍ 오늘의 기도 생활

아침기도 ☐   미사참례 ☐   저녁기도 ☐   성체조배 (분)   묵주기도 (단)

기타 :

📖 오늘의 성서 읽기

(   )   장   절 ~   장   절

🐟 오늘의 사랑 일기

오늘 내가 다른 사람에게 베푼 친절이나 사랑의 언행

🕯 오늘의 영성 일기

하느님 앞에서 나의 오늘 하루를 되돌아보며 쓰는 일기

죽음 앞에 선 자유인

인공적인 생명유지 장치에 기대어 살아간다는 상상을 하자 개인적으로 어떤 불쾌감이 느껴집니다. 온몸이 완전히 마비된 채 침대에 누워 오직 인공 생명유지 장치를 통해 음식을 공급받고 숨을 쉬면서 다만 눈만 깜박이며 컴퓨터로 의사소통을 한다는 것이 썩 마음에 내키지 않습니다. 그러므로 나중에 내 마음이 바뀔 가능성이 있을지 모르지만, 지금 이 시점에서 나는 괴이한 수단으로 죽음을 속이려고 애쓰지 말고 자연 현상대로 죽음을 받아들이려고 합니다.

오늘의 기도 생활

아침기도 ☐   미사참례 ☐   저녁기도 ☐   성체조배 (분)   묵주기도 (단)

기타 :

오늘의 성서 읽기

(   )   장   절 ~   장   절

오늘의 사랑 일기

오늘 내가 다른 사람에게 베푼 친절이나 사랑의 언행

오늘의 영성 일기

하느님 앞에서 나의 오늘 하루를 되돌아보며 쓰는 일기

달콤한 입술로 키스해주십시오

내 몸의 상태가 아무리 위급하게 되더라도 나는 어떤 상황에서도 인위적인 생명유지 장치로 살기를 원하지 않습니다. 산소호흡기에 기대어 나를 내 병에 영원히 묶어두는 일은 하지 않기를 간절히 당부하는 바입니다. 결코 별난 방법을 사용하지 말 것을 당부합니다. 만일 어느 순간에 내가 숨을 멈추고 호흡이 정지되면, 인공호흡기로 나를 살리려고 애쓰지 말기를 바랍니다.

차라리 내 이마에 여러분의 달콤한 입술로 키스해주고, 평화의 입맞춤으로 내 아버지의 집으로 나를 가볍게, 편안하게 그리고 신뢰하는 어린 아이와 같은 방법으로 보내주기를 바랍니다.

오늘의 기도 생활

아침기도 ☐   미사참례 ☐   저녁기도 ☐   성체조배 (분)   묵주기도 (단)

기타 :

오늘의 성서 읽기

(   )   장   절 ~   장   절

오늘의 사랑 일기

오늘 내가 다른 사람에게 베푼 친절이나 사랑의 언행

오늘의 영성 일기

하느님 앞에서 나의 오늘 하루를 되돌아보며 쓰는 일기

품위 있는 죽음

생명유지 장치를 한 채 살아가고 있는 몇몇 루게릭 병 환자들은 영웅 취급을 받고 있습니다. 세상은 그들을 용기와 결단력 있는 삶의 의지를 가진 사람으로 치켜세웁니다. 하지만 내 생각에 그것은 생명에 대한 애착일 뿐입니다. 나는 그보다는 품위를 잃지 않고 침착하고 조용한 태도로 죽음을 받아들이는 것이 오히려 용기 있고 영웅적이고 숭고하다고 생각합니다.

🖐 오늘의 기도 생활

아침기도 ☐   미사참례 ☐   저녁기도 ☐   성체조배 (분)   묵주기도 (단)

기타 :

📖 오늘의 성서 읽기

(   )   장   절 ~   장   절

✝ 오늘의 사랑 일기

오늘 내가 다른 사람에게 베푼 친절이나 사랑의 언행

🕯 오늘의 영성 일기

하느님 앞에서 나의 오늘 하루를 되돌아보며 쓰는 일기

온유함과 단호함

참된 사랑은 어머니다운 온유함과 부드러운 관심을 보이는 것이며 동시에 아버지답기도 하여 단호하고 엄격하며 허튼 소리를 하지 않는 것입니다.

년   월   일   요일

🌸 오늘의 기도 생활

아침기도 ☐   미사참례 ☐   저녁기도 ☐   성체조배 (분)   묵주기도 (단)

기타 :

📖 오늘의 성서 읽기

(   )   장   절 ~   장   절

✝ 오늘의 사랑 일기

오늘 내가 다른 사람에게 베푼 친절이나 사랑의 언행

🕯 오늘의 영성 일기

하느님 앞에서 나의 오늘 하루를 되돌아보며 쓰는 일기

내적 저항으로부터의 해방

지금 나는 내 몸을 뜻대로 가눌 수 없습니다. 다른 사람의 부축을 받아야 겨우 움직일 수 있습니다. 그러므로 인간으로서의 품위 같은 것은 이미 오래 전에 잃었습니다. 그렇지만 비참하게 생각하지는 않습니다. 나는 우리의 주인이신 구세주 예수님을 생각합니다. 하늘과 땅의 모든 권세를 가진 분이 삼가 어린 아이가 되어 나사렛 동정녀에게 자신을 온전히 맡기셨습니다. 성모님은 예수님을 마음대로 이쪽저쪽으로 옮기고, 벗기고, 씻기고, 입혔습니다. 예수님은 이 모두를 평안한 마음으로 온전히 받아들이셨습니다.

나의 천주이시요 주인이신 예수님의 이 본보기가 내게 평화와 용기를 주고 있습니다. 나 역시 예수님의 이러한 모범을 본받아 나 자신을 내적 저항으로부터 해방시키려 합니다. 편안하고 느긋한 마음으로, 흐르는 물과 같이 순리에 따르려고 노력합니다.

오늘의 기도 생활

아침기도 ☐   미사참례 ☐   저녁기도 ☐   성체조배 (분)   묵주기도 (단)

기타 :

오늘의 성서 읽기

(   )   장   절 ~   장   절

오늘의 사랑 일기

오늘 내가 다른 사람에게 베푼 친절이나 사랑의 언행

오늘의 영성 일기

하느님 앞에서 나의 오늘 하루를 되돌아보며 쓰는 일기

무료함과 고통

무료함은 내게 있어 너무나 큰 고통입니다. 나는 가능하면 활동적
이고 생산적인 삶을 살도록 최선을 다하는 일이 참으로 중요하다
고 생각합니다.

오늘의 기도 생활

아침기도 □   미사참례 □   저녁기도 □   성체조배 (분)   묵주기도 (단)

기타 :

오늘의 성서 읽기

(   )   장   절 ~   장   절

오늘의 사랑 일기

오늘 내가 다른 사람에게 베푼 친절이나 사랑의 언행

오늘의 영성 일기

하느님 앞에서 나의 오늘 하루를 되돌아보며 쓰는 일기

그리스도의 모상

우리 소년·소녀의 집 운영 목표는
우리에게 맡겨진 아이들 한 명, 한 명을
그리스도를 닮은 모상대로 바꾸는 것입니다.

🙏 오늘의 기도 생활

아침기도 ☐   미사참례 ☐   저녁기도 ☐   성체조배 (분)   묵주기도 (단)

기타 :

📖 오늘의 성서 읽기

(   )   장   절 ~   장   절

🐟 오늘의 사랑 일기

오늘 내가 다른 사람에게 베푼 친절이나 사랑의 언행

🕯 오늘의 영성 일기

하느님 앞에서 나의 오늘 하루를 되돌아보며 쓰는 일기

하느님의 목소리

아침 식사 시간에 신문을 집으려다 의자에서 떨어지고 말았습니다. 떨어지면서 대리석 바닥에 한쪽 뺨이 심하게 부딪혔습니다. 아프기도 했지만 말할 수 없이 놀랐습니다. 손가락으로 뺨을 만져보니 빨갛게 피가 묻어났습니다. 눈 밑에는 25센트 은화 크기의 붉은 체리 모양의 혹이 나 있었습니다. 아프기도 했지만 우습기도 했습니다. 거울 속의 나 자신을 봤을 때, 내 마음속 깊은 곳에서 이것이 내 앞에 놓인 큰 시련과 위기를 알리는 하느님의 경고라는 소리가 들려왔습니다.

✋ 오늘의 기도 생활

아침기도 ☐   미사참례 ☐   저녁기도 ☐   성체조배 (분)   묵주기도 (단)

기타 :

📖 오늘의 성서 읽기

(   )   장   절 ~   장   절

✝ 오늘의 사랑 일기

오늘 내가 다른 사람에게 베푼 친절이나 사랑의 언행

🕯 오늘의 영성 일기

하느님 앞에서 나의 오늘 하루를 되돌아보며 쓰는 일기

예수님다움

붉은 수단에 붉은 제의를 입고 제단에서 미사를 드릴 때 나는 진정 예수님다운 무언가를 느꼈습니다. 나는 피투성이가 된 예수님을 떠올렸고, 붉은 수단이 피투성이 같다는 생각을 했습니다. 그리고 바로 이것이 나를 기다리고 있는 미래라는 예감이 마음 깊은 곳에서 솟아났습니다. 미사를 드리는 동안, 나는 죽는 그 순간까지 예수님께 충실할 수 있도록 인내와 용기와 결단력을 달라고 기도했습니다.

오늘의 기도 생활

아침기도 ☐   미사참례 ☐   저녁기도 ☐   성체조배 (분)   묵주기도 (단)

기타 :

오늘의 성서 읽기

(   )   장   절   ~   장   절

오늘의 사랑 일기

오늘 내가 다른 사람에게 베푼 친절이나 사랑의 언행

오늘의 영성 일기

하느님 앞에서 나의 오늘 하루를 되돌아보며 쓰는 일기

나의 의무

나의 첫 번째 의무는
가난한 아이들을 돌보는 것입니다.

오늘의 기도 생활

아침기도 ☐   미사참례 ☐   저녁기도 ☐   성체조배 (분)   묵주기도 (단)

기타 :

오늘의 성서 읽기

(   )   장   절   ~   장   절

오늘의 사랑 일기

오늘 내가 다른 사람에게 베푼 친절이나 사랑의 언행

오늘의 영성 일기

하느님 앞에서 나의 오늘 하루를 되돌아보며 쓰는 일기

내가 두려워하는 것

나는 실패를 두려워하거나 나 자신이 바보가 되는 것을 결코 두려워하지 않습니다. 내게 있어 가장 중요하고, 내적 고통의 원인이 되는 유일한 문제는 '내가 지금 주님의 뜻보다 나 자신의 뜻을 따르는 것이 아닌가?'하는 불확실함과 그로 인한 두려움입니다.

🍃 오늘의 기도 생활

아침기도 ☐   미사참례 ☐   저녁기도 ☐   성체조배 (분)   묵주기도 (단)

기타 :

📖 오늘의 성서 읽기

(   )   장   절 ~   장   절

✝ 오늘의 사랑 일기

오늘 내가 다른 사람에게 베푼 친절이나 사랑의 언행

🕯 오늘의 영성 일기

하느님 앞에서 나의 오늘 하루를 되돌아보며 쓰는 일기

그리스도의 소리

그리스도의 소리보다는 나 자신의 소리,
더욱 나쁜 것은 변장과 속임수와 허위의 지배자인 악마의 소리가
내 마음에서 들려 나를 현혹하고 속일 가능성은 언제나 있었습니다.

오늘의 기도 생활

아침기도 □   미사참례 □   저녁기도 □   성체조배 (분)   묵주기도 (단)

기타 :

오늘의 성서 읽기

(   )   장   절 ~   장   절

오늘의 사랑 일기

오늘 내가 다른 사람에게 베푼 친절이나 사랑의 언행

오늘의 영성 일기

하느님 앞에서 나의 오늘 하루를 되돌아보며 쓰는 일기

내 몸의 병이 가져다준 예기치 못한 선물

내 병은 온몸이 천천히 마비되어 가면서 극심한 고통을 불러일으
킵니다. 그런데 이 병이 내가 돌보는 아이들의 영성 생활에 긍정
적인 효과를 가져다주었습니다. 고통으로 힘들어하는 내 모습을
보면서 아이들은 모두 착하게 살려고 최선을 다했기 때문입니다.
실제로 아이들은 과거 그 어느 때보다 열심히 기도했습니다. 그리
하여 나는 '내 병이 이토록 나의 자녀들의 일상생활에 좋은 영향
을 미칠 줄 알았더라면 하느님이 내게 이 병을 보내지 않았더라도
오래 전에 스스로 이 병을 만들어냈을 것이다'라고 농담을 하곤
했습니다.

🖐 오늘의 기도 생활

아침기도 ☐   미사참례 ☐   저녁기도 ☐   성체조배 (분)   묵주기도 (단)

기타 :

📖 오늘의 성서 읽기

(   )   장   절 ~   장   절

🐟 오늘의 사랑 일기

오늘 내가 다른 사람에게 베푼 친절이나 사랑의 언행

🕯 오늘의 영성 일기

하느님 앞에서 나의 오늘 하루를 되돌아보며 쓰는 일기

하느님의 조언

나는 어떤 결정을 내릴 때 나이 어린 수녀부터 나이 많은 수녀에 이르기까지 그들이 가진 의견과 조언을 늘 귀담아 들었습니다. 우리 마리아회 수녀들은 용기 있고, 열성적이며, 사도적입니다. 그들은 편견 없는 마음과 용기 있는 태도로 내가 벌인 모든 사업에 활기찬 열성으로 호응하였습니다.

🤚 오늘의 기도 생활

아침기도 ☐   미사참례 ☐   저녁기도 ☐   성체조배 (분)   묵주기도 (단)

기타 :

📖 오늘의 성서 읽기

(   )   장   절 ~   장   절

✝ 오늘의 사랑 일기

오늘 내가 다른 사람에게 베푼 친절이나 사랑의 언행

🕯 오늘의 영성 일기

하느님 앞에서 나의 오늘 하루를 되돌아보며 쓰는 일기

나의 역할

이제 나의 역할은 십자가상의 예수님의 역할과 더욱 비슷합니다. 나의 생산적인 시간은 모두 끝났습니다. 이제 나는 말조차 할 수 없습니다. 더 이상 강론도 할 수 없습니다. 아무것도 할 수 없는 처지가 되고 말았습니다. 그래서 이제 나의 역할은 예수님과 함께 성부께 기도와 고통을 바치는 것밖에 없습니다. 이것이 나의 모든 찬란한 계획과 위대한 사업보다도 아이들과 수녀들, 수사들에게 더 큰 유익이 되리라 확신합니다. 그리고 이것이 최고의 시련이며, 신앙과 사랑의 최종 행동이라 생각합니다.

✍ 오늘의 기도 생활

아침기도 ☐   미사참례 ☐   저녁기도 ☐   성체조배 (분)   묵주기도 (단)

기타 :

📖 오늘의 성서 읽기

(   )   장   절 ~   장   절

✚ 오늘의 사랑 일기

오늘 내가 다른 사람에게 베푼 친절이나 사랑의 언행

🕯 오늘의 영성 일기

하느님 앞에서 나의 오늘 하루를 되돌아보며 쓰는 일기

성모님의 사업

내가 하는 모든 사업은 성모님의 사업입니다. 성모님이 우리 사업의 창설자요, 원장이요, 이사장이요, 장상이십니다. 그러므로 성모님께서 우리 사업이 성장하고 번영하기를 보살필 것입니다. 내가 없으면 이 사업은 망하게 된다는 생각이야말로 교만의 극치이며, 어머니이신 성모님께 대한 믿음과 신뢰의 부족일 것입니다.

✿ 오늘의 기도 생활

아침기도 ☐   미사참례 ☐   저녁기도 ☐   성체조배 (분)   묵주기도 (단)

기타 :

📖 오늘의 성서 읽기

(   )   장   절 ~   장   절

✝ 오늘의 사랑 일기

오늘 내가 다른 사람에게 베푼 친절이나 사랑의 언행

🕯 오늘의 영성 일기

하느님 앞에서 나의 오늘 하루를 되돌아보며 쓰는 일기

나의 십자가

나는 지금 루게릭 병이라는 십자가에 박혀 있습니다. 고통은 나날
이 격렬해지고 있습니다. 이 병은 진행 과정이 냉혹합니다. 그런
까닭에 하루하루가 더욱더 힘이 듭니다. 내 앞에 펼쳐진 날들은
아픔과 고통과 수치로 가득 찬 미지의 길입니다.

오늘의 기도 생활

아침기도 ☐   미사참례 ☐   저녁기도 ☐   성체조배 (분)   묵주기도 (단)

기타 :

오늘의 성서 읽기

(   )   장   절 ~   장   절

오늘의 사랑 일기

오늘 내가 다른 사람에게 베푼 친절이나 사랑의 언행

오늘의 영성 일기

하느님 앞에서 나의 오늘 하루를 되돌아보며 쓰는 일기

초자연적인 평화

하느님은 내 마음속 깊숙이 신비한 기쁨과 영적인 즐거움과 모든
이해력을 초월하는 초자연적 평화를 주십니다. 그래서 나는 이러한
것들을 생각하고 하느님께 찬미와 영광을 드리려고 노력합니다.

🙏 오늘의 기도 생활

아침기도 □   미사참례 □   저녁기도 □   성체조배 (분)   묵주기도 (단)

기타 :

📖 오늘의 성서 읽기

(   )   장   절 ~   장   절

☧ 오늘의 사랑 일기

오늘 내가 다른 사람에게 베푼 친절이나 사랑의 언행

🕯 오늘의 영성 일기

하느님 앞에서 나의 오늘 하루를 되돌아보며 쓰는 일기

사랑의 힘

두려움은 낙망, 외로움, 슬픔, 불안과 같은
모든 부정적인 감정의 집합체입니다.
이 모든 부정적인 감정을 이기는 비결은 사랑입니다.

오늘의 기도 생활

아침기도 ☐   미사참례 ☐   저녁기도 ☐   성체조배 (분)   묵주기도 (단)

기타 :

오늘의 성서 읽기

(   )   장   절 ~   장   절

오늘의 사랑 일기

오늘 내가 다른 사람에게 베푼 친절이나 사랑의 언행

오늘의 영성 일기

하느님 앞에서 나의 오늘 하루를 되돌아보며 쓰는 일기

고통 속에서 오히려 타인을 생각하십시오

고통과 아픔 중에 있을 때 자신에게 몰입하고 자신을 의식하는 것은 참으로 쉬운 일입니다. 이것이 고통과 아픔의 본성입니다. 하지만 우리는 고통과 아픔 가운데서도 오히려 자신을 멀리하고 다른 사람을 생각하고 다른 사람을 위로하려고 끊임없이 노력해야 합니다.

년   월   일   요일

🖌 오늘의 기도 생활

아침기도 ☐   미사참례 ☐   저녁기도 ☐   성체조배 (분)   묵주기도 (단)

기타 :

📖 오늘의 성서 읽기

(   )   장   절 ~   장   절

✝ 오늘의 사랑 일기

오늘 내가 다른 사람에게 베푼 친절이나 사랑의 언행

🕯 오늘의 영성 일기

하느님 앞에서 나의 오늘 하루를 되돌아보며 쓰는 일기

가시의 고통

고통에 한탄하고, 신음하고, 불평하고, 끙끙 앓기만 한다면 고통을 더욱 심하게 만들 뿐입니다. 몸에 가시가 박혔는데도 웃을 수 있다면 영웅이라는 말이 있습니다. 우리 스스로 그 가시를 제거할 수 없고 다른 누구도 도와줄 수 없는 상황이라면, 끊임없이 비명을 지르고 고통스러워하는 것은 아무 도움이 되지 않습니다. 고통스러운 상황을 더 나쁘게 할 뿐입니다.

이때는 가시가 우리 몸에 없는 것처럼 가장하고 웃으려고 노력해야 합니다. 침묵과 인내로 그 고통을 참아내도록 노력해야 합니다. 이것이 가시의 고통을 다루는 최고의 방법입니다.

🙏 오늘의 기도 생활

아침기도 ☐   미사참례 ☐   저녁기도 ☐   성체조배 (분)   묵주기도 (단)

기타 :

📖 오늘의 성서 읽기

(   )   장   절 ~   장   절

✚ 오늘의 사랑 일기

오늘 내가 다른 사람에게 베푼 친절이나 사랑의 언행

🕯 오늘의 영성 일기

하느님 앞에서 나의 오늘 하루를 되돌아보며 쓰는 일기

충분치 못한 돈보다 더 나쁜 것은
지나치게 돈이 많은 것입니다

돈이 쌓이면 가난한 사람들을 위한 사업을 더 넓히고 발전시키라
는 신호로 받아들여야 합니다. 지나칠 정도로 많이 쌓인 재정은
우리의 사업을 망칠 수 있습니다. 물질주의에 의해 사업이 질식사
할 수 있습니다. 넘치는 돈 때문에 사업은 자만해지고 게을러지고
비생산적이 될 수 있습니다. 충분치 못한 돈보다 더 나쁜 것은 지
나치게 많은 돈을 갖는 것입니다.

오늘의 기도 생활

아침기도 ☐   미사참례 ☐   저녁기도 ☐   성체조배 (분)   묵주기도 (단)

기타 :

오늘의 성서 읽기

(   )   장   절 ~   장   절

오늘의 사랑 일기

오늘 내가 다른 사람에게 베푼 친절이나 사랑의 언행

오늘의 영성 일기

하느님 앞에서 나의 오늘 하루를 되돌아보며 쓰는 일기

성인

어느 누구든지 나를 두고 성인이라고 말한다면 그 이유는 다음 두 가지 가운데 하나일 것입니다. 참 성인이 도대체 어떤 사람인지 모르는 사람이든지, 내가 도대체 어떤 사람인지 모르는 사람일 것입니다.

🖐 오늘의 기도 생활

아침기도 □   미사참례 □   저녁기도 □   성체조배 (분)   묵주기도 (단)

기타 :

📖 오늘의 성서 읽기

(   )   장   절 ~   장   절

🐟 오늘의 사랑 일기

오늘 내가 다른 사람에게 베푼 친절이나 사랑의 언행

🕯 오늘의 영성 일기

하느님 앞에서 나의 오늘 하루를 되돌아보며 쓰는 일기

루게릭 병

1991년 7월, 내가 앓고 있는 루게릭 병의 진행이 지독했다면 지금은 훨씬 더 지독합니다. 정말 나는 이 병을 과소평가했습니다. 루게릭 병을 두고 소름끼치는 병이라는 말을 루게릭 병 환자들의 이야기책에서 읽은 적이 있습니다. 지금 나는 그 말에 완전히 동의합니다.

🖐 오늘의 기도 생활

아침기도 ☐   미사참례 ☐   저녁기도 ☐   성체조배 (분)   묵주기도 (단)

기타 :

📖 오늘의 성서 읽기

(   )   장   절 ~   장   절

🐟 오늘의 사랑 일기

오늘 내가 다른 사람에게 베푼 친절이나 사랑의 언행

🕯 오늘의 영성 일기

하느님 앞에서 나의 오늘 하루를 되돌아보며 쓰는 일기

나는 자유와 독립성을 빼앗기고 말았습니다

나는 무척 활동적이고, 자주적이며, 개인적인 기질을 갖고 있습니다. 그런데 루게릭 병이 나의 모든 개인적 자유와 독립성을 빼앗아버리고 완전히 수동적으로 살게 만들고 말았습니다.

🖐 오늘의 기도 생활

아침기도 ☐   미사참례 ☐   저녁기도 ☐   성체조배 (분)   묵주기도 (단)

기타 :

📖 오늘의 성서 읽기

(   )   장   절 ~   장   절

✝ 오늘의 사랑 일기

오늘 내가 다른 사람에게 베푼 친절이나 사랑의 언행

🕯 오늘의 영성 일기

하느님 앞에서 나의 오늘 하루를 되돌아보며 쓰는 일기

가까이 다가온 나의 죽음

주치의 노리스 박사는 내가 기껏해야 한 달이나 두 달 정도 더 살 수 있을 것으로 진단했습니다. 루게릭 병은 예측하기 어려운 병이기 때문에 남은 시간은 더 길 수도 더 짧아질 수도 있습니다. 하지만 분명한 것은 모든 것들이 예정대로라면 나는 이미 죽음의 근처에 상당히 가까이 와 있다는 것입니다.

오늘의 기도 생활

아침기도 □   미사참례 □   저녁기도 □   성체조배 (분)   묵주기도 (단)

기타 :

오늘의 성서 읽기

(   )   장   절 ~   장   절

오늘의 사랑 일기

오늘 내가 다른 사람에게 베푼 친절이나 사랑의 언행

오늘의 영성 일기

하느님 앞에서 나의 오늘 하루를 되돌아보며 쓰는 일기

고통스러운 체험

묵상이 끝나면 수녀들이 주는 물을 마시고, 미사를 드리기 위해 휠체어로 제대 앞으로 갑니다. 미사는 심리적으로나 육체적으로 나에게 무척 고통스러운 체험입니다. 말하는 것이 너무 고통스러워 당일 복음이 긴 경우에는 나도 모르게 신음소리가 나오고 맙니다. 그리고 미사 중에 머리가 가슴 쪽으로 떨어지지 않게 목을 곧게 세우려고 애를 씁니다. 그런데도 머리가 앞으로 수그러지면 누군가 달려와 제자리로 돌려주어야 합니다.

오늘의 기도 생활

아침기도 □   미사참례 □   저녁기도 □   성체조배 (분)   묵주기도 (단)

기타 :

오늘의 성서 읽기

(   )   장   절 ~   장   절

오늘의 사랑 일기

오늘 내가 다른 사람에게 베푼 친절이나 사랑의 언행

오늘의 영성 일기

하느님 앞에서 나의 오늘 하루를 되돌아보며 쓰는 일기

나의 몸무게

나는 두려움 없는 현실주의자라고 자부하며 살아왔습니다. 아무리
무리가 되어도 이 사실을 지켜왔습니다. 그러나 지금은 내 몸무게
가 얼마나 되는지 정말로 알고 싶지 않습니다. 그나마 남아 있는 사
기가 더 떨어질까 두렵기 때문입니다. 이 사실 말고도 내 몸무게를
재려면 꺼져가는 내 생명과 허약한 팔다리를 위협하지 않고는 불가
능합니다.

🙏 오늘의 기도 생활

아침기도 ☐   미사참례 ☐   저녁기도 ☐   성체조배 (분)   묵주기도 (단)

기타 :

📖 오늘의 성서 읽기

(   )   장   절 ~   장   절

✝ 오늘의 사랑 일기

오늘 내가 다른 사람에게 베푼 친절이나 사랑의 언행

🕯 오늘의 영성 일기

하느님 앞에서 나의 오늘 하루를 되돌아보며 쓰는 일기

식사의 고통

식사를 하는 것은 내게 부담이 될 뿐만 아니라 지독한 고통이기도 합니다. 음식물이 목에 걸리지 않도록 똑바른 자세를 취하면 목과 어깨가 심하게 아픕니다. 씹기도 어렵지만 삼키기는 더욱 어렵습니다. 내 몸에 있는 모든 근육들이 천천히 굳어 가면서 심한 통증을 불러일으키기 때문입니다.

🤲 오늘의 기도 생활

아침기도 ☐   미사참례 ☐   저녁기도 ☐   성체조배 (분)   묵주기도 (단)

기타 :

📖 오늘의 성서 읽기

(   )   장   절 ~   장   절

✴ 오늘의 사랑 일기   .

오늘 내가 다른 사람에게 베푼 친절이나 사랑의 언행

🕯 오늘의 영성 일기

하느님 앞에서 나의 오늘 하루를 되돌아보며 쓰는 일기

고통 속에서 찾는 기쁨

아침을 먹고 나면 수녀들이 커피 잔에 빨대를 꽂아 입에 물려주고
는 내 곁을 떠납니다. 나는 커피를 조금씩 빨아 마시며 창문 너머
를 내다봅니다. 그러고는 내 앞에 펼쳐질 하루를 어떻게 하면 최
대한 유리하게 보낼 수 있을까 계획합니다.

오늘의 기도 생활

아침기도 □   미사참례 □   저녁기도 □   성체조배 (분)   묵주기도 (단)

기타 :

오늘의 성서 읽기

(   )   장   절 ~   장   절

오늘의 사랑 일기

오늘 내가 다른 사람에게 베푼 친절이나 사랑의 언행

오늘의 영성 일기

하느님 앞에서 나의 오늘 하루를 되돌아보며 쓰는 일기

나의 기도

나는 20대 때 대단히 낭만적이고 감성적이며 이상적인 태도로, 커
다란 고통과 병마와 시련을 받고 싶다는 기도와 묵상을 한 적이
있습니다. 그러한 고난을 거치면 정화되고 완벽해지리라 여겼습
니다. 그래서 나는 그것을 갈망했고, 이를 위해 기도를 하기도 했
습니다. 만일 지금 내가 앓고 있는 루게릭 병이 그 기도의 응답이
라는 것을 알았더라면, 계속 기도했을지 의심스럽습니다.

✍ 오늘의 기도 생활

아침기도 ☐   미사참례 ☐   저녁기도 ☐   성체조배 (분)   묵주기도 (단)

기타 :

📖 오늘의 성서 읽기

(   )   장   절 ~   장   절

✝ 오늘의 사랑 일기

오늘 내가 다른 사람에게 베푼 친절이나 사랑의 언행

🕯 오늘의 영성 일기

하느님 앞에서 나의 오늘 하루를 되돌아보며 쓰는 일기

가난한 사람들의 동정녀

모든 기쁨과 찬사와 영예와 영광 그리고 감사를
가난한 이들의 동정녀에게 바칩니다!

✌ 오늘의 기도 생활

아침기도 ☐   미사참례 ☐   저녁기도 ☐   성체조배 (분)   묵주기도 (단)

기타 :

📖 오늘의 성서 읽기

(   )   장   절 ~   장   절

☧ 오늘의 사랑 일기

오늘 내가 다른 사람에게 베푼 친절이나 사랑의 언행

🕯 오늘의 영성 일기

하느님 앞에서 나의 오늘 하루를 되돌아보며 쓰는 일기

내가 움직일 수 있는 것은 오직 눈동자뿐입니다

비가 오나 눈이 오나, 지구상 어디에 있든 나는 날마다 달리기를
하였습니다. 보통 정오가 되면 일을 멈추고 운동복으로 갈아입고
밖으로 나가 1시간 또는 그 이상 달렸습니다. 달리기를 끝낸 다음
방으로 돌아와 몸을 씻고 점심을 먹었습니다. 점심은 대개 치즈
또는 땅콩버터를 바른 샌드위치와 '탱'이란 상표가 붙은 인스턴트
오렌지 주스 한 잔이었습니다. 그 다음 20분에서 30분쯤 쉬다가
오후 일을 했습니다. 하지만 지금 나는 눈동자 말고 내 의지대로
움직일 수 있는 것이 아무것도 없습니다.

오늘의 기도 생활

아침기도 ☐   미사참례 ☐   저녁기도 ☐   성체조배 (분)   묵주기도 (단)

기타 :

오늘의 성서 읽기

(   )   장   절 ~   장   절

오늘의 사랑 일기

오늘 내가 다른 사람에게 베푼 친절이나 사랑의 언행

오늘의 영성 일기

하느님 앞에서 나의 오늘 하루를 되돌아보며 쓰는 일기

하느님의 은총

나는 하느님의 은총을 참 많이 받은 사람입니다. 그 가운데 특별히 세 가지를 꼽으라고 하면 첫째, 착하고 경건하고 신앙심 좋은 부모님을 주신 은총이고, 둘째로는 사제직과 선교 성소를 주신 은혜이며, 셋째로는 루게릭 병을 주신 은총입니다.

✍ 오늘의 기도 생활

아침기도 ☐   미사참례 ☐   저녁기도 ☐   성체조배 (분)   묵주기도 (단)

기타 :

📖 오늘의 성서 읽기

(   )   장   절   ~   장   절

✄ 오늘의 사랑 일기

오늘 내가 다른 사람에게 베푼 친절이나 사랑의 언행

🕯 오늘의 영성 일기

하느님 앞에서 나의 오늘 하루를 되돌아보며 쓰는 일기

나의 첫사랑

열여섯 살 소신학교 시절,
데레사 성녀를 처음 알게 되었습니다.
그녀는 나의 대단한 첫사랑이었습니다.
그녀의 마음은 내 마음을 사로잡았고,
일생동안 특별한 친구가 되었습니다.

년   월   일   요일

✍ 오늘의 기도 생활

아침기도 □   미사참례 □   저녁기도 □   성체조배 (분)   묵주기도 (단)

기타 :

📖 오늘의 성서 읽기

(   )   장   절 ~   장   절

🐟 오늘의 사랑 일기

오늘 내가 다른 사람에게 베푼 친절이나 사랑의 언행

🕯 오늘의 영성 일기

하느님 앞에서 나의 오늘 하루를 되돌아보며 쓰는 일기

바뇌의 성모님께 바친 나의 사제직

나의 사제직은 특별한 의미에서 바뇌의 성모님의 것입니다.
그리고 나의 사도직도 그녀의 것입니다.
나는 그녀의 발아래 묻히기를 바랍니다.
내 인생에서 모든 찬사와 영예와 영광을 바뇌의 성모님에게,
오로지 성모님에게만 돌리고 싶습니다.

오늘의 기도 생활

아침기도 ☐   미사참례 ☐   저녁기도 ☐   성체조배 (분)   묵주기도 (단)

기타 :

오늘의 성서 읽기

(   )   장   절 ~   장   절

오늘의 사랑 일기

오늘 내가 다른 사람에게 베푼 친절이나 사랑의 언행

오늘의 영성 일기

하느님 앞에서 나의 오늘 하루를 되돌아보며 쓰는 일기

MEMO

MEMO

MEMO

MEMO

MEMO

MEMO

MEMO

MEMO

MEMO

MEMO

MEMO

MEMO

MEMO

MEMO

소 알로이시오 신부님과 함께하는

영성일기

초판 1쇄 찍음 2014년 6월 16일
초판 1쇄 펴냄 2014년 6월 21일

엮은이 마리아수녀회
펴낸이 김선영
펴낸곳 책으로여는세상

기획 안동권 | **편집** 김선영 | **디자인** Design Hada

출판등록 제2012-000002호
주소 (우)476-912 경기도 양평군 강상면 서라우길 59
전화 070-4222-9917 | **팩스** 0505-917-9917 | **E-mail** dkahn21@daum.net

ISBN 978-89-93834-22-2 (03230)

책으로여는세상

좋 · 은 · 책 · 이 · 좋 · 은 · 세 · 상 · 을 · 열 · 어 · 갑 · 니 · 다